JANUARY

오랜만에 우연히 만난 친구에게 안부를 물어보는 상황

1/1
Ava? Ava Greene?
What a surprise to see you here!
Ava? Ava Greene 맞지? 여기서 널 보게 돼서 깜짝 놀랐어!

1/2
Ethan! You're looking great.
Ethan이구나! 너 얼굴이 폈구나.

1/3
What have you been up to?
지금껏 뭐 하면서 지냈어?

1/4
Keeping busy. How about you?
계속 바빴지. 넌 어땠는데?

1/5
Do you have time for coffee?
커피 한잔할 시간 있어?

알맞은 표현으로 빈칸을 채워 보세요

Ava? Ava Greene 맞지? 여기서 널 보게 돼서 깜짝 놀랐어!
Ava? Ava Greene?
_____ ___ _____ to see you here!

Ethan이구나! 너 얼굴이 폈구나.
Ethan! You're _____ _____.

지금껏 뭐 하면서 지냈어?
What have you _____ ___ ___?

계속 바빴지. 넌 어땠는데?
_____ _____. How about you?

커피 한잔할 시간 있어?
Do you have _____ _____ _____?

직접 말해 보세요

A: Ava? Ava Greene 맞지? 여기서 널 보게 돼서 깜짝 놀랐어!

B: Ethan이구나! 너 얼굴이 폈구나.

    지금껏 뭐 하면서 지냈어?

A: 계속 바빴지. 넌 어땠는데?

    커피 한잔할 시간 있어?

JANUARY

전화로 다음 약속을 정하는 상황

1/8 — **I'm just calling to set up our next appointment.**
다음 약속을 정하려고 전화 걸었어요.

1/9 — **When did you have in mind?**
혹시 생각해 두신 날짜가 있으신가요?

1/10 — **Can you make it Friday afternoon?**
금요일 오후로 해 주실 수 있나요?

1/11 — **Friday afternoon will be fine. Shall we say…2:30?**
금요일 오후면 괜찮겠네요. 2시 30분으로 할까요?

1/12 — **Yes. 2:30 works for me.**
그래요. 2시 30분이면 저도 괜찮아요.

알맞은 표현으로 빈칸을 채워 보세요

다음 약속을 정하려고 전화 걸었어요.
I'm just calling to _____ ___ our next appointment.

혹시 생각해 두신 날짜가 있으신가요?
_____ did you have ___ _____?

금요일 오후로 해 주실 수 있나요?
Can you _____ ___ Friday afternoon?

금요일 오후면 괜찮겠네요. 2시 30분으로 할까요?
Friday afternoon will be fine.
_____ ___ _____…2:30?

그래요. 2시 30분이면 저도 괜찮아요.
Yes. 2:30 _____ for me.

직접 말해 보세요

A: 다음 약속을 정하려고 전화 걸었어요.

B: 혹시 생각해 두신 날짜가 있으신가요?

A: 금요일 오후로 해 주실 수 있나요?

B: 금요일 오후면 괜찮겠네요. 2시 30분으로 할까요?

A: 그래요. 2시 30분이면 저도 괜찮아요.

JANUARY

바뀐 헤어스타일에 대해 대화를 나누는 상황

1/15 — **Did you get your hair cut?**
머리 잘랐어?

1/16 — **Yes, thanks for noticing.**
응, 알아봐 줘서 고마워.

1/17 — **Do you like my new haircut?**
새로 자른 내 머리 맘에 들어?

1/18 — **I love your bangs.**
앞머리가 아주 맘에 들어.

1/19 — **You look a lot younger!**
훨씬 더 어려 보여!

알맞은 표현으로 빈칸을 채워 보세요

머리 잘랐어?
Did you _____ your hair _____?

응, 알아봐 줘서 고마워.
Yes, thanks for _____.

새로 자른 내 머리 맘에 들어?
___ _____ _____ my new haircut?

앞머리가 아주 맘에 들어.
I love your _____.

훨씬 더 어려 보여!
You look ___ _____ _____!

DATE 1/20

직접 말해 보세요

A: 머리 잘랐어?

B: 응, 알아봐 줘서 고마워.

　　새로 자른 내 머리 맘에 들어?

A: 앞머리가 아주 맘에 들어.

　　훨씬 더 어려 보여!

1/21

JANUARY

예약 없이 음식점에 간 상황

1/22	**Did you make a reservation?** 예약하셨나요?	
1/23	**No. Is there a table for two?** 아뇨. 두 사람 자리 있나요?	
1/24	**Yes, but there's a ten-minute wait.** 네, 그런데 10분 기다리셔야 해요.	
1/25	**Well, we don't have a choice. We'll wait.** 음, 어쩔 수 없죠. 기다릴게요.	
1/26	(10 minutes later) **Let me show you to your seats.** (10분 후) 자리로 안내해 드릴게요.	

알맞은 표현으로 빈칸을 채워 보세요

예약하셨나요?
Did you _____ __ _____?

아뇨. 두 사람 자리 있나요?
No. Is there a _____ _____ _____?

네, 그런데 10분 기다리셔야 해요.
Yes, but there's a _____ wait.

음, 어쩔 수 없죠. 기다릴게요.
Well, we _____ _____ __ _____. We'll wait.

(10분 후) 자리로 안내해 드릴게요.
(10 minutes later) Let me _____ you to your seats.

직접 말해 보세요

A: 예약하셨나요?

B: 아뇨. 두 사람 자리 있나요?

A: 네, 그런데 10분 기다리셔야 해요.

B: 음, 어쩔 수 없죠. 기다릴게요.

A: (10분 후) 자리로 안내해 드릴게요.

나의 한 달

❶ 지금껏 뭐 하면서 지냈어?

1/3

❷ 앞머리가 아주 맘에 들어.

1/18

❸ 어쩔 수 없죠.

1/25

❹ 혹시 생각해 두신 날짜가 있으신가요?

1/9

❺ 여기서 널 보게 돼서 깜짝 놀랐어!

1/1

MEMO

★365일 기적의 영어회화 다이어리

❻ 예약하셨나요?

1/22

❼ 알아봐 줘서 고마워.

1/16

❽ 자리로 안내해 드릴게요.

1/26

❾ 금요일 오후로 해 주실 수 있나요?

1/10

❿ 머리 잘랐어?

1/15

 1월, 첫 단추부터 잘 끼운 당신에게 박수를!

OK 체크

★365일 기적의 영어회화 다이어리

JANUARY · FEBRUARY

아침 출근길에 자동차 열쇠를 찾는 상황

1/29 — **Have you seen my car key anywhere?**
내 자동차 열쇠 어디서 본 적 있어?

1/30 — **Isn't it in your coat pocket?**
당신 외투 주머니에 없어?

1/31 — **No. I also thought I'd put it there last night.**
없어. 나도 어젯밤에 거기 넣어 뒀다고 생각했는데.

2/1 — **Did you look in your bag?**
가방 안은 찾아봤어?

2/2 — **I already did twice, but it's nowhere to be found.**
벌써 두 번이나 찾아봤지만 아무데도 없어.

알맞은 표현으로 빈칸을 채워 보세요

내 자동차 열쇠 어디서 본 적 있어?
Have you seen my car key _____?

당신 외투 주머니에 없어?
_____ ____ in your coat pocket?

없어. 나도 어젯밤에 거기 넣어 뒀다고 생각했는데.
No. I also thought I'd _____ it there last night.

가방 안은 찾아봤어?
Did you _____ ____ your bag?

벌써 두 번이나 찾아봤지만 아무데도 없어.
I already did twice, but it's _____ ____ ____ _____.

직접 말해 보세요

A: 내 자동차 열쇠 어디서 본 적 있어?

B: 당신 외투 주머니에 없어?

A: 없어. 나도 어젯밤에 거기 넣어 뒀다고 생각했는데.

B: 가방 안은 찾아봤어?

A: 벌써 두 번이나 찾아봤지만 아무데도 없어.

FEBRUARY

행인에게 콘서트홀에 가는 방법을 묻는 상황

2/5
Could you tell me how to get to the concert hall from here?
여기서 콘서트홀에 가는 방법 좀 알려 주세요.

2/6
Are you going there on foot or by bus?
걸어서 가실 거예요, 버스로 가실 거예요?

2/7
I'll walk. Is it far from here?
걸어서 가려고요. 여기서 먼가요?

2/8
Well…it'll take about 30 minutes.
글쎄요, 30분쯤 걸릴 거예요.

2/9
Then I'd better take a bus.
그럼 버스를 타는 게 낫겠는데요.

알맞은 표현으로 빈칸을 채워 보세요

여기서 콘서트홀에 가는 방법 좀 알려 주세요.
Could you tell me _____ __ _____ to the concert hall from here?

걸어서 가실 거예요, 버스로 가실 거예요?
Are you going there ___ _____ or by bus?

걸어서 가려고요. 여기서 먼가요?
I'll walk. Is it _____ _____ here?

글쎄요, 30분쯤 걸릴 거예요.
Well… _____ _____ about 30 minutes.

그럼 버스를 타는 게 낫겠는데요.
Then _____ _____ take a bus.

직접 말해 보세요

A: 여기서 콘서트홀에 가는 방법 좀 알려 주세요.

B: 걸어서 가실 거예요, 버스로 가실 거예요?

A: 걸어서 가려고요. 여기서 먼가요?

B: 글쎄요, 30분쯤 걸릴 거예요.

A: 그럼 버스를 타는 게 낫겠는데요.

FEBRUARY

친구에게 휴대폰 충전기를 빌리려는 상황

2/12 — **My phone battery is running down.**
전화 배터리가 다 되어 가네.

2/13 — **Do you have a charger?**
너 충전기 있어?

2/14 — **No. You want to use my phone?**
없어. 내 전화 쓸래?

2/15 — **No, thanks. I have an important phone call I've been waiting for.**
아니, 됐어. 중요한 전화를 기다리고 있어서 그래.

2/16 — **Ask Liam. I think I saw he has one.**
Liam한테 물어봐. 걔가 가지고 있는 걸 본 것 같거든.

알맞은 표현으로 빈칸을 채워 보세요

전화 배터리가 다 되어 가네.
My phone battery is _____ _____.

너 충전기 있어?
Do you have a _____?

없어. 내 전화 쓸래?
No. You want to _____ my phone?

아니, 됐어. 중요한 전화를 기다리고 있어서 그래.
No, thanks. I have an important phone call _____ _____ _____ _____.

Liam한테 물어봐. 걔가 가지고 있는 걸 본 것 같거든.
Ask Liam. I think ____ _____ he has one.

직접 말해 보세요

A: 전화 배터리가 다 되어 가네.

너 충전기 있어?

B: 없어. 내 전화 쓸래?

A: 아니, 됐어. 중요한 전화를 기다리고 있어서 그래.

B: Liam한테 물어봐. 걔가 가지고 있는 걸 본 것 같거든.

FEBRUARY

출산을 앞둔 임부와 대화를 나누는 상황

2/19 — **When are you expecting your baby?**
출산 예정일이 언제예요?

2/20 — **It's next Tuesday. I'm nervous now.**
다음 주 화요일이요. 이제야 긴장이 되네요.

2/21 — **Don't be too nervous and try to relax.**
너무 긴장하지 말고 마음을 편안히 가지려고 노력해 봐요.

2/22 — **Do you know if it's a boy or a girl?**
아들인지 딸인지는 알아요?

2/23 — **I don't know yet. I'm hoping it's a girl.**
아직 몰라요. 전 딸이면 좋겠어요.

알맞은 표현으로 빈칸을 채워 보세요

출산 예정일이 언제예요?
When are you _____ _____ _____?

다음 주 화요일이요. 이제야 긴장이 되네요.
It's next Tuesday. I'm _____ now.

너무 긴장하지 말고 마음을 편안히 가지려고 노력해 봐요.
Don't be too _____ and try to _____.

아들인지 딸인지는 알아요?
Do you know ____ it's a boy or a girl?

아직 몰라요. 전 딸이면 좋겠어요.
I don't know yet. I'm _____ it's a girl.

직접 말해 보세요

A: 출산 예정일이 언제예요?

B: 다음 주 화요일이요. 이제야 긴장이 되네요.

A: 너무 긴장하지 말고 마음을 편안히 가지려고 노력해 봐요.

  아들인지 딸인지는 알아요?

B: 아직 몰라요. 전 딸이면 좋겠어요.

나의 한 달

① 전화 배터리가 다 되어 가네.

2/12

② 걸어서 가실 거예요, 버스로 가실 거예요?

2/6

③ 너무 긴장하지 말고 마음을 편안히 가지려고 노력해 봐요.

2/21

④ 내 자동차 열쇠 어디서 본 적 있어?

1/29

⑤ 출산 예정일이 언제예요?

2/19

MEMO

★365일 기적의 영어회화 다이어리

❻ Liam한테 물어봐. 걔가 가지고 있는 걸 본 것 같거든.

2/16

❼ 여기서 콘서트홀에 가는 방법 좀 알려 주세요.

2/5

❽ 가방 안은 찾아봤어?

2/1

❾ 그럼 버스를 타는 게 낫겠는데요.

2/9

❿ 너 충전기 있어?

2/13

FESTINA LENTE! 급할수록 돌아가라!

OK 체크

FEBRUARY · MARCH

전화 통화가 곤란한 상황의 상대에게 회답 전화를 요청하는 상황

2/26
Hi, Logan. Do you have a minute?
안녕, Logan. 잠깐 시간 있어?

2/27
Hi, Emma.
You caught me at a bad time.
안녕, Emma. 안 좋은 시간에 딱 맞춰 전화했네.

2/28
I'm right in the middle of a meeting.
한창 회의 중이거든.

3/1
Oh, sorry.
Call me back when you're free.
아, 미안. 시간 나면 전화 줘.

3/2
Okay, I'll get back to you right after the meeting.
알았어. 회의 끝나자마자 전화할게.

알맞은 표현으로 빈칸을 채워 보세요

안녕, Logan. 잠깐 시간 있어?
Hi, Logan. Do you _____ ___ _____?

안녕, Emma. 안 좋은 시간에 딱 맞춰 전화했네.
Hi, Emma. You _____ me at a bad time.

한창 회의 중이거든.
I'm _____ ___ _____ _____ ___ a meeting.

아, 미안. 시간 나면 전화 줘.
Oh, sorry. _____ ___ _____ when you're free.

알았어. 회의 끝나자마자 전화할게.
Okay, I'll _____ _____ to you right after the meeting.

직접 말해 보세요

A: 안녕, Logan. 잠깐 시간 있어?

B: 안녕, Emma. 안 좋은 시간에 딱 맞춰 전화했네.

　　한창 회의 중이거든.

A: 아, 미안. 시간 나면 전화 줘.

B: 알았어. 회의 끝나자마자 전화할게.

MARCH

마트에서 구입할 것과 세탁물 수거를 부탁하는 상황

3/5	**Do we need anything from the K-mart?** K-mart 갈 건데 필요한 거 있어?	☐ ☐ ☐
3/6	**Yes. We need a dozen eggs.** 응. 계란 12개가 필요해.	☐ ☐ ☐
3/7	**Anything else?** 다른 건?	☐ ☐ ☐
3/8	**Umm…can you pick up my suit from the cleaner's on your way home?** 음. 집에 오는 길에 세탁소에서 내 정장 좀 찾아와 줄래?	☐ ☐ ☐
3/9	**Sure, no problem.** 그래, 문제없어.	☐ ☐ ☐

알맞은 표현으로 빈칸을 채워 보세요

DATE

K-mart 갈 건데 필요한 거 있어?
Do we need _____ from the K-mart?

응. 계란 12개가 필요해.
Yes. We need ___ _____ eggs.

3/10

다른 건?
_____ _____?

음, 집에 오는 길에 세탁소에서 내 정장 좀 찾아와 줄래?
Umm…can you _____ ___ my suit from the cleaner's ___ _____ _____ _____?

그래, 문제없어.
Sure, ___ _____.

직접 말해 보세요

A: K-mart 갈 건데 필요한 거 있어?

B: 응. 계란 12개가 필요해.

3/11

A: 다른 건?

B: 음, 집에 오는 길에 세탁소에서 내 정장 좀 찾아와 줄래?

A: 그래, 문제없어.

REVIEW 3/5~3/11

MARCH

구직 면접이 어땠는지 물어보는 상황

3/12 — **How did your job interview go?**
구직 면접은 어떻게 됐어?

3/13 — **I think I screwed it up.**
내가 다 망친 것 같아.

3/14 — **Why do you think so?**
왜 그렇게 생각하는데?

3/15 — **I hardly answered their questions.**
질문에 거의 대답을 못했거든.

3/16 — **Oh no. Cheer up. You'll do better next time.**
오, 저런. 기운 내. 다음번에는 더 잘할 거야.

REVIEW 3/12~3/18

DATE

알맞은 표현으로 빈칸을 채워 보세요

3/17

구직 면접은 어떻게 됐어?
_____ did your job interview ___?

내가 다 망친 것 같아.
I think I _____ it ___.

왜 그렇게 생각하는데?
Why do you _____ ___?

질문에 거의 대답을 못했거든.
I _____ answered their questions.

오, 저런. 기운 내. 다음번에는 더 잘할 거야.
**Oh no. _____ up.
You'll ___ _____ next time.**

직접 말해 보세요

3/18

A: 구직 면접은 어떻게 됐어?

B: 내가 다 망친 것 같아.

A: 왜 그렇게 생각하는데?

B: 질문에 거의 대답을 못했거든.

A: 오, 저런. 기운 내. 다음번에는 더 잘할 거야.

MARCH

출근길에 당한 접촉 사고에 대해 대화하는 상황

3/19
You look upset. What happened?
화난 것 같네. 무슨 일 있었어?

3/20
I had a fender-bender on my way to work.
출근길에 접촉 사고가 났어.

3/21
Are you okay?
Don't you need to go see a doctor?
몸은 괜찮아? 병원에 가 봐야 하지 않아?

3/22
I'm okay, but my new car's got dents and scratches.
난 괜찮은데 내 새 자동차에 움푹 파인 자국이랑 흠집이 생겼어.

3/23
I'm sorry to hear that.
안됐다.

알맞은 표현으로 빈칸을 채워 보세요

화난 것 같네. 무슨 일 있었어?
You _____ _____. What happened?

출근길에 접촉 사고가 났어.
I had a _____ on my way to work.

몸은 괜찮아? 병원에 가 봐야 하지 않아?
Are you okay?
Don't you need to ____ _____ __ _____?

난 괜찮은데 내 새 자동차에 움푹 파인 자국이랑 흠집이 생겼어.
I'm okay, but my new car's got _____ and _____.

안됐다.
I'm sorry to _____ that.

직접 말해 보세요

A: 화난 것 같네. 무슨 일 있었어?

B: 출근길에 접촉 사고가 났어.

A: 몸은 괜찮아? 병원에 가 봐야 하지 않아?

B: 난 괜찮은데 내 새 자동차에 움푹 파인 자국이랑 흠집이 생겼어.

A: 안됐다.

MARCH · APRIL

도서 대출증 발급 장소와 정기 간행물실 위치를 문의하는 상황

3/26
Excuse me.
Where can I get a library card?
실례합니다. 도서 대출증은 어디서 발급받나요?

3/27
Fill out this form and bring it to me.
이 서식을 작성하셔서서 제게 가져다주시면 돼요.

3/28
Where are the periodicals?
정기 간행물은 어디 있어요?

3/29
The periodical room is on the third floor.
정기 간행물실은 3층에 있어요.

3/30
You know, periodicals cannot be checked out.
아시겠지만 정기 간행물은 대출이 안 됩니다.

알맞은 표현으로 빈칸을 채워 보세요

실례합니다. 도서 대출증은 어디서 발급받나요?
Excuse me. _____ can I get a library card?

이 서식을 작성하셔서 제게 가져다주시면 돼요.
_____ _____ this form and bring it to me.

정기 간행물은 어디 있어요?
Where are the _____?

정기 간행물실은 3층에 있어요.
The periodical room is ___ _____ _____ _____.

아시겠지만 정기 간행물은 대출이 안 됩니다.
You know, periodicals cannot be _____ _____.

직접 말해 보세요

A: 실례합니다. 도서 대출증은 어디서 발급받나요?

B: 이 서식을 작성하셔서 제게 가져다주시면 돼요.

A: 정기 간행물은 어디 있어요?

B: 정기 간행물실은 3층에 있어요.

  아시겠지만 정기 간행물은 대출이 안 됩니다.

March 3 — 나의 한 달 망각 방지 TEST

❶ 구직 면접은 어떻게 됐어?
3/12

❷ 아, 미안. 시간 나면 전화 줘.
3/1

❸ 출근길에 접촉 사고가 났어.
3/20

❹ 안 좋은 시간에 딱 맞춰 전화했네.
2/27

❺ 실례합니다. 도서 대출증은 어디서 발급받나요?
3/26

MEMO

★365일 기적의 영어회화 다이어리

❻ 한창 회의 중이거든.

2/28

❼ 집에 오는 길에 세탁소에서 내 정장 좀 찾아와 줄래?

3/8

❽ 아시겠지만 정기 간행물은 대출이 안 됩니다.

3/30

❾ 오, 저런. 기운 내. 다음번에는 더 잘할 거야.

3/16

❿ 난 괜찮은데 내 새 자동차에 움푹 파인 자국이랑 흠집이 생겼어.

3/22

 1분기 CLEAR! 당신의 2분기도 응원할게요♥

OK 체크

★365일 기적의 영어회화 다이어리

APRIL

오랜 통화 시도 끝에 전화 연결이 된 상황

4/2	**I can't believe I finally got you!** 너랑 통화 한번 하기 참 힘드네!
4/3	**Have you been trying to reach me?** 나한테 계속 연락했었어?
4/4	**Why didn't you leave a message?** 메시지를 남기지 그랬어?
4/5	**Of course, I did leave a message on your cellphone.** 당연히 네 전화에 메시지 남겼지.
4/6	**Sorry. I didn't check it yet.** 미안. 내가 아직 확인 못했어.

알맞은 표현으로 빈칸을 채워 보세요

DATE 4/7

너랑 통화 한번 하기 참 힘드네!
I _____ _____ I finally _____ you!

나한테 계속 연락했었어?
Have you been trying to _____ me?

메시지를 남기지 그랬어?
_____ _____ _____ leave a message?

당연히 네 전화에 메시지 남겼지.
Of course, I did leave a message ___ _____ _____.

미안. 내가 아직 확인 못했어.
Sorry. I didn't check it _____.

직접 말해 보세요

4/8

A: 너랑 통화 한번 하기 참 힘드네!

B: 나한테 계속 연락했었어?

메시지를 남기지 그랬어?

A: 당연히 네 전화에 메시지 남겼지.

B: 미안. 내가 아직 확인 못했어.

APRIL

컴퓨터 고장에 대해 문의하는 상황

4/9 — **What can I do for you?**
뭘 도와드릴까요?

4/10 — **My computer still isn't working properly.**
제 컴퓨터가 아직도 제대로 작동을 안 해요.

4/11 — **What seems to be the problem this time?**
이번엔 문제가 무엇인 것 같으세요?

4/12 — **I have to reboot the system every time I disconnect from the Internet.**
인터넷 연결을 끝낼 때마다 시스템을 재부팅해야 해요.

4/13 — **After lunch, I'll have someone over to take care of that for you.**
점심시간 후에 그 문제를 처리할 사람을 보내 드릴게요.

알맞은 표현으로 빈칸을 채워 보세요

뭘 도와드릴까요?
_____ can I do for you?

제 컴퓨터가 아직도 제대로 작동을 안 해요.
My computer still isn't _____ _____.

이번엔 문제가 무엇인 것 같으세요?
What _____ __ __ the problem this time?

인터넷 연결을 끝낼 때마다 시스템을 재부팅해야 해요.
I have to reboot the system every time I _____ _____ the Internet.

점심시간 후에 그 문제를 처리할 사람을 보내 드릴게요.
After lunch, I'll _____ someone _____ to take care of that for you.

직접 말해 보세요

A: 뭘 도와드릴까요?

B: 제 컴퓨터가 아직도 제대로 작동을 안 해요.

A: 이번엔 문제가 무엇인 것 같으세요?

B: 인터넷 연결을 끝낼 때마다 시스템을 재부팅해야 해요.

A: 점심시간 후에 그 문제를 처리할 사람을 보내 드릴게요.

APRIL

음식점에서 스테이크 맛에 대해 대화하는 상황

| 4/16 | **How do you like your steak?** 스테이크는 어떠신가요? |

| 4/17 | **The meat is so tender that it just melted in my mouth.** 고기가 아주 연해서 입안에서 살살 녹았어요. |

| 4/18 | **I'm glad you like it.** 맘에 드셨다니 기쁘네요. |

| 4/19 | **Is there anything I can get for you?** 뭐 더 가져다드릴 게 있을까요? |

| 4/20 | **Can I see the dessert menu?** 후식 메뉴판 좀 주실래요? |

알맞은 표현으로 빈칸을 채워 보세요

스테이크는 어떠신가요?
_____ do you like your steak?

고기가 아주 연해서 입안에서 살살 녹았어요.
The meat is ___ tender _____ it just melted in my mouth.

맘에 드셨다니 기쁘네요.
I'm _____ you like it.

뭐 더 가져다드릴 게 있을까요?
Is there anything I can _____ _____ _____?

후식 메뉴판 좀 주실래요?
Can I see the _____ _____?

직접 말해 보세요

A: 스테이크는 어떠신가요?

B: 고기가 아주 연해서 입안에서 살살 녹았어요.

A: 맘에 드셨다니 기쁘네요.

    뭐 더 가져다드릴 게 있을까요?

B: 후식 메뉴판 좀 주실래요?

APRIL

건강 검진 후 살 빼는 방법에 대해 대화하는 상황

4/23 — **How was your medical checkup?**
건강 검진은 어땠어?

4/24 — **The doctor told me I must lose some weight.**
의사가 살 좀 빼래.

4/25 — **Why don't you go to the gym with me?**
나랑 같이 헬스클럽 다니는 건 어때?

4/26 — **I hate doing exercise.**
난 운동하는 거 딱 질색이야.

4/27 — **I'd rather give up eating late at night.**
차라리 야식 먹는 걸 포기할래.

REVIEW 4/23 ~ 4/29

DATE

4/28

알맞은 표현으로 빈칸을 채워 보세요

건강 검진은 어땠어?
How was your _____ _____?

의사가 살 좀 빼래.
The doctor told me I must _____ _____ _____.

나랑 같이 헬스클럽 다니는 건 어때?
_____ _____ _____ go to the gym with me?

난 운동하는 거 딱 질색이야.
I hate _____ _____.

차라리 야식 먹는 걸 포기할래.
I'd rather _____ ___ eating late at night.

4/29

직접 말해 보세요

A: 건강 검진은 어땠어?

B: 의사가 살 좀 빼래.

A: 나랑 같이 헬스클럽 다니는 건 어때?

B: 난 운동하는 거 딱 질색이야.

　　차라리 야식 먹는 걸 포기할래.

나의 한 달

1 맘에 드셨다니 기쁘네요.

4/18

2 나한테 계속 연락했었어?

4/3

3 고기가 아주 연해서 입안에서 살살 녹았어요.

4/17

4 점심시간 후에 그 문제를 처리할 사람을 보내 드릴게요.

4/13

5 차라리 야식 먹는 걸 포기할래.

4/27

MEMO

★365일 기적의 영어회화 다이어리

❻ 제 컴퓨터가 아직도 제대로 작동을 안 해요.

4/10

❼ 너랑 통화 한번 하기 참 힘드네!

4/2

❽ 건강 검진은 어땠어?

4/23

❾ 이번엔 문제가 무엇인 것 같으세요?

4/11

❿ 뭐 더 가져다드릴 게 있을까요?

4/19

인생은 속도가 아니라 방향

OK 체크

APRIL · MAY

신발 가게에서 신발을 고르는 상황

4/30

Are you looking for something in particular?
뭐 특별히 찾고 계신 게 있으세요?

5/1

Can I try these on?
이거 신어 봐도 되나요?

5/2

Absolutely, sir.
You have an eye for shoes.
당연히 되죠, 손님. 신발 보는 안목이 있으시네요.

5/3

These are our best-selling item.
이게 저희 가게에서 가장 잘 팔리는 품목이거든요.

5/4

What size do you wear?
사이즈가 어떻게 되세요?

DATE

알맞은 표현으로 빈칸을 채워 보세요

뭐 특별히 찾고 계신 게 있으세요?
Are you looking for something ___ _____?

이거 신어 봐도 되나요?
Can I _____ these ___?

5/5

당연히 되죠, 손님. 신발 보는 안목이 있으시네요.
Absolutely, sir.
You _____ ___ _____ _____ shoes.

이게 저희 가게에서 가장 잘 팔리는 품목이거든요.
These are our _____ _____.

사이즈가 어떻게 되세요?
What size do you _____?

직접 말해 보세요

A: 뭐 특별히 찾고 계신 게 있으세요?

B: 이거 신어 봐도 되나요?

5/6

A: 당연히 되죠, 손님. 신발 보는 안목이 있으시네요.

이게 저희 가게에서 가장 잘 팔리는 품목이거든요.

사이즈가 어떻게 되세요?

MAY

새 직장에 대한 소감을 묻는 상황

5/7 — **How do you like your new job?**
새 직장은 어때?

5/8 — **The work is easy and my coworkers are kind to me.**
일도 쉽고 동료들도 나한테 친절하게 대해 줘.

5/9 — **That's great! How long does it take to get to work?**
그거 잘됐네! 출근하는 데는 얼마나 걸려?

5/10 — **20 minutes. It's really the best thing.**
20분. 그게 진짜 제일 좋은 점이야.

5/11 — **I'm envious of you.**
부럽다.

알맞은 표현으로 빈칸을 채워 보세요

5/12

새 직장은 어때?

_____ ___ _____ _____ your new job?

일도 쉽고 동료들도 나한테 친절하게 대해 줘.

The work is _____ and my _____ are _____ to me.

그거 잘됐네! 출근하는 데는 얼마나 걸려?

That's great!
_____ _____ does it take to get to work?

20분. 그게 진짜 제일 좋은 점이야.

20 minutes. It's really _____ _____ _____.

부럽다.

I'm _____ ___ you.

직접 말해 보세요

5/13

A: 새 직장은 어때?

B: 일도 쉽고 동료들도 나한테 친절하게 대해 줘.

A: 그거 잘됐네! 출근하는 데는 얼마나 걸려?

B: 20분. 그게 진짜 제일 좋은 점이야.

A: 부럽다.

MAY

층간 소음으로 인한 수면 부족에 대해 불평하는 상황

5/14 — **The shadows under your eyes are no joke.**
다크서클이 장난 아니네.

5/15 — **Yes, I know. I haven't been sleeping well for the last few days.**
그래, 알아. 며칠째 잠을 잘 못 자고 있거든.

5/16 — **Why not? Are you busy with work?**
왜 못 잤는데? 일 때문에 바빠?

5/17 — **No, I don't have much work to do these days.**
아니. 요즘은 일이 많지는 않아.

5/18 — **But my neighbors who live upstairs make a lot of noise every night.**
근데 우리 윗집 사람들이 밤마다 엄청 소음을 내거든.

DATE

알맞은 표현으로 빈칸을 채워 보세요

다크서클이 장난 아니네.
The shadows under your eyes are ___ _____.

그래, 알아. 며칠째 잠을 잘 못 자고 있거든.
Yes, I know. I _____ _____ _____ well for the last few days.

5/19

왜 못 잤는데? 일 때문에 바빠?
Why not? Are you _____ _____ work?

아니. 요즘은 일이 많지는 않아.
No, I don't have _____ work to do these days.

근데 우리 윗집 사람들이 밤마다 엄청 소음을 내거든.
But my neighbors who live upstairs _____ a lot of _____ every night.

직접 말해 보세요

A: 다크서클이 장난 아니네.

B: 그래, 알아. 며칠째 잠을 잘 못 자고 있거든.

5/20

A: 왜 못 잤는데? 일 때문에 바빠?

B: 아니, 요즘은 일이 많지는 않아.

근데 우리 윗집 사람들이 밤마다 엄청 소음을 내거든.

REVIEW 5/14~5/20

MAY

양배추 가격을 묻고 구입하는 상황

5/21 — **How much does a head of cabbage cost?**
양배추는 한 통에 얼마예요?

5/22 — **$4.99. Cabbage prices have gone up lately.**
4달러 99센트요. 양배추 가격이 요즘 올랐어요.

5/23 — **Wow, that's so expensive.**
와, 너무 비싸네요.

5/24 — **Can I buy a half a head?**
반통만 사도 돼요?

5/25 — **Why not? Here you are.**
안 될 게 뭐가 있겠어요? 여기 있어요.

DATE

알맞은 표현으로 빈칸을 채워 보세요

양배추는 한 통에 얼마예요?
_____ _____ does a head of cabbage _____?

4달러 99센트요. 양배추 가격이 요즘 올랐어요.
$4.99. Cabbage prices have _____ ___ lately.

5/26

와, 너무 비싸네요.
Wow, that's ___ _____.

반통만 사도 돼요?
Can I buy a _____ ___ _____?

안 될 게 뭐가 있겠어요? 여기 있어요.
_____ _____? Here you are.

직접 말해 보세요

A: 양배추는 한 통에 얼마예요?

B: 4달러 99센트요. 양배추 가격이 요즘 올랐어요.

5/27

A: 와, 너무 비싸네요.

반통만 사도 돼요?

B: 안 될 게 뭐가 있겠어요? 여기 있어요.

나의 한 달 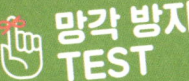 망각 방지 TEST

❶ 부럽다.
5/11

❷ 사이즈가 어떻게 되세요?
5/4

❸ 양배추는 한 통에 얼마예요?
5/21

❹ 요즘은 일이 많지는 않아.
5/17

❺ 뭐 특별히 찾고 계신 게 있으세요?
4/30

MEMO

❻ 그거 잘됐네! 출근하는 데는 얼마나 걸려?

5/9

❼ 양배추 가격이 요즘 올랐어요.

5/22

❽ 다크서클이 장난 아니네.

5/14

❾ 새 직장은 어때?

5/7

❿ 며칠째 잠을 잘 못 자고 있거든.

5/15

나른한 5월에도 꾸준했던 당신, 멋져요

OK 체크

MAY · JUNE

전화 통화하고 싶은 사람이 부재중인 상황

5/28

May I speak to Mr. Jackson?
Jackson 씨랑 통화할 수 있을까요?

5/29

I'm sorry, he's not in the office right now.
죄송합니다만 지금 사무실에 안 계세요.

5/30

What time do you expect him back in the office?
몇 시에 사무실에 다시 들어오실까요?

5/31

Sorry, I'm not sure.
죄송하지만 잘 모르겠어요.

6/1

If it's urgent, why don't you call him on his cellphone?
급한 일이시면 휴대폰으로 전화해 보시는 건 어떨까요?

알맞은 표현으로 빈칸을 채워 보세요

DATE: 6/2

Jackson 씨랑 통화할 수 있을까요?
May I _____ ___ Mr. Jackson?

죄송합니다만 지금 사무실에 안 계세요.
I'm sorry, he's not in the office _____ _____.

몇 시에 사무실에 다시 들어오실까요?
What time do you _____ him _____ in the office?

죄송하지만 잘 모르겠어요.
Sorry, I'm _____ _____.

급한 일이시면 휴대폰으로 전화해 보시는 건 어떨까요?
If it's _____, why don't you call him on his cellphone?

직접 말해 보세요

DATE: 6/3

A: Jackson 씨랑 통화할 수 있을까요?

B: 죄송합니다만 지금 사무실에 안 계세요.

A: 몇 시에 사무실에 다시 들어오실까요?

B: 죄송하지만 잘 모르겠어요.

급한 일이시면 휴대폰으로 전화해 보시는 건 어떨까요?

JUNE

파이프 누수로 인해 근처 철물점을 찾고 있는 상황

6/4 — **Do you know where a hardware store near here is?**
이 근처에 철물점이 어디 있는지 아니?

6/5 — **Try browsing the Internet.**
인터넷 검색해 봐.

6/6 — **By the way, why are you going there?**
그런데 거긴 왜 가려고?

6/7 — **The pipe from the toilet burst.**
변기에 연결된 파이프가 터졌거든.

6/8 — **My whole house almost got flooded.**
하마터면 집 전체가 물바다가 될 뻔했어.

알맞은 표현으로 빈칸을 채워 보세요

6/9

이 근처에 철물점이 어디 있는지 아니?
Do you know where a _____ _____ near here is?

인터넷 검색해 봐.
Try _____ the Internet.

그런데 거긴 왜 가려고?
___ _____ _____, why are you going there?

변기에 연결된 파이프가 터졌거든.
The pipe from the toilet _____.

하마터면 집 전체가 물바다가 될 뻔했어.
My whole house _____ _____ _____.

직접 말해 보세요

6/10

A: 이 근처에 철물점이 어디 있는지 아니?

B: 인터넷 검색해 봐.

그런데 거긴 왜 가려고?

A: 변기에 연결된 파이프가 터졌거든.

하마터면 집 전체가 물바다가 될 뻔했어.

JUNE

음식점에서 추천 요리를 물어보는 상황

6/11 **May I take your order?**
주문하시겠어요?

6/12 **I haven't figured out what I want yet.**
뭘 먹어야 할지 아직도 모르겠어요.

6/13 **Do you have any recommendations?**
추천 요리가 있으세요?

6/14 **Our special is curry and rice.**
저희는 카레라이스 전문집이에요.

6/15 **Can I interest you in spinach curry?**
시금치 카레 한번 드셔 보실 생각 있으세요?

알맞은 표현으로 빈칸을 채워 보세요

DATE 6/16

주문하시겠어요?
May I _____ _____ _____?

뭘 먹어야 할지 아직도 모르겠어요.
I haven't _____ _____ what I want yet.

추천 요리가 있으세요?
Do you have any _____?

저희는 카레라이스 전문집이에요.
Our _____ is curry and rice.

시금치 카레 한번 드셔 보실 생각 있으세요?
Can I _____ _____ ___ spinach curry?

직접 말해 보세요

DATE 6/17

A: 주문하시겠어요?
_____

B: 뭘 먹어야 할지 아직도 모르겠어요.
_____

추천 요리가 있으세요?
_____

A: 저희는 카레라이스 전문집이에요.
_____

시금치 카레 한번 드셔 보실 생각 있으세요?
_____

JUNE

양다리 걸친 남자 친구를 차 버린 친구에 대해 대화하는 상황

6/18 — **Did you hear that Mia dumped David?**
Mia가 David를 찼다는 소식 들었어?

6/19 — **Did she? That's quite news to me.**
Mia가 그랬대? 난 금시초문이야.

6/20 — **I thought she loved him.**
난 Mia가 David를 엄청 좋아하는 줄 알았는데.

6/21 — **She recently found out he'd been two-timing her.**
얼마 전에 David가 그동안 양다리 걸치고 있었다는 걸 알아냈대.

6/22 — **Unbelievable! She deserves better.**
말도 안 돼! Mia는 그보다 더 나은 대우를 받아야 해.

REVIEW 6/18~6/24

DATE

알맞은 표현으로 빈칸을 채워 보세요

Mia가 David를 찼다는 소식 들었어?
Did you hear that Mia _____ David?

Mia가 그랬대? 난 금시초문이야.
Did she? That's _____ _____ to me.

6/23

난 Mia가 David를 엄청 좋아하는 줄 알았는데.
___ _____ she loved him.

얼마 전에 David가 그동안 양다리 걸치고 있었다는 걸 알아냈대.
She recently found out he'd been _____ her.

말도 안 돼! Mia는 그보다 더 나은 대우를 받아야 해.
Unbelievable! She _____ _____.

직접 말해 보세요

A: Mia가 David를 찼다는 소식 들었어?

B: Mia가 그랬대? 난 금시초문이야.

6/24

난 Mia가 David를 엄청 좋아하는 줄 알았는데.

A: 얼마 전에 David가 그동안 양다리 걸치고 있었다는 걸 알아냈대.

B: 말도 안 돼! Mia는 그보다 더 나은 대우를 받아야 해.

JUNE · JULY

주말에 번지 점프 하러 가자는 제안을 거절하는 상황

6/25
What are you doing this weekend?
이번 주말에 뭐 할 거야?

6/26
Not much. Do you have any plans?
별일 없어. 넌 무슨 계획이라도 있니?

6/27
Would you like to go bungee jumping with me?
나랑 번지 점프 하러 갈래?

6/28
I can't. I have acrophobia.
난 못 가. 나 고소공포증 있단 말이야.

6/29
The idea of doing a bungee jump terrifies me.
번지 점프 한다는 생각만 해도 무서워 죽겠어.

알맞은 표현으로 빈칸을 채워 보세요

이번 주말에 뭐 할 거야?

_____ are you _____ this weekend?

별일 없어. 넌 무슨 계획이라도 있니?

_____ _____. Do you have any plans?

나랑 번지 점프 하러 갈래?

Would you like to ___ _____ _____ with me?

난 못 가. 나 고소공포증 있단 말이야.

I can't. I have _____.

번지 점프 한다는 생각만 해도 무서워 죽겠어.

The idea of doing a bungee jump _____ me.

직접 말해 보세요

A: 이번 주말에 뭐 할 거야?

B: 별일 없어. 넌 무슨 계획이라도 있니?

A: 나랑 번지 점프 하러 갈래?

B: 난 못 가. 나 고소공포증 있단 말이야.

번지 점프 한다는 생각만 해도 무서워 죽겠어.

나의 한 달  망각 방지 TEST

① 인터넷 검색해 봐.
6/5

② 몇 시에 사무실에 다시 들어오실까요?
5/30

③ 뭘 먹어야 할지 아직도 모르겠어요.
6/12

④ 번지 점프 한다는 생각만 해도 무서워 죽겠어.
6/29

⑤ 급한 일이시면 휴대폰으로 전화해 보시는 건 어떨까요?
6/1

MEMO

★365일 기적의 영어회화 다이어리

❻ 시금치 카레 한번 드셔 보실 생각 있으세요?

6/15

❼ 이 근처에 철물점이 어디 있는지 아니?

6/4

❽ 추천 요리가 있으세요?

6/13

❾ 얼마 전에 David가 그동안 양다리 걸치고 있었다는 걸 알아냈대.

6/21

❿ 하마터면 집 전체가 물바다가 될 뻔했어.

6/8

 벌써 올해도 절반이 지나갔다니!

OK 체크

★365일 기적의 영어회화 다이어리

JULY

미니밴의 가격대를 알아보는 상황

7/2 — **I'm looking for a minivan.**
미니밴을 보려고 하는데요.

7/3 — **Good choice. Nothing's more practical than a minivan.**
선택 잘하셨네요. 미니밴만큼 실용적인 게 없죠.

7/4 — **What price do you have in mind for the car?**
자동차 가격으로 얼마를 생각하고 계신가요?

7/5 — **What's your price range for minivans?**
판매하고 계신 미니밴 가격대가 얼마 정도인데요?

7/6 — **You can buy the latest model for $30,000.**
3만 달러면 최신형 모델을 구입하실 수 있어요.

알맞은 표현으로 빈칸을 채워 보세요

미니밴을 보려고 하는데요.
I'm _____ _____ a minivan.

선택 잘하셨네요. 미니밴만큼 실용적인 게 없죠.
Good choice. Nothing's _____ _____ _____ a minivan.

자동차 가격으로 얼마를 생각하고 계신가요?
What price do you _____ ___ _____ for the car?

판매하고 계신 미니밴 가격대가 얼마 정도인데요?
What's your _____ _____ _____ minivans?

3만 달러면 최신형 모델을 구입하실 수 있어요.
You can buy the _____ _____ for $30,000.

직접 말해 보세요

A: 미니밴을 보려고 하는데요.

B: 선택 잘하셨네요. 미니밴만큼 실용적인 게 없죠.

자동차 가격으로 얼마를 생각하고 계신가요?

A: 판매하고 계신 미니밴 가격대가 얼마 정도인데요?

B: 3만 달러면 최신형 모델을 구입하실 수 있어요.

JULY

서로에 대한 이야기만 많이 듣고 직접 만난 적은 없던 두 사람이 만난 상황

7/9

Aiden, this is Olivia. Olivia, Aiden.
Aiden, 이쪽은 Olivia야. Olivia, Aiden이야.

7/10

So we finally meet face-to-face.
이제야 드디어 직접 뵙게 됐네요.

7/11

Do you two know each other?
둘이 아는 사이야?

7/12

No we don't, but Sara has told me so much about her.
그건 아닌데 Sara가 하도 얘길 많이 해 줘서 말이야.

7/13

I've heard a lot about you from her, too. Nice to meet you.
저도 Sara한테서 말씀 많이 들었어요. 뵙게 돼서 반가워요.

DATE

알맞은 표현으로 빈칸을 채워 보세요

7/14

Aiden, 이쪽은 Olivia야. Olivia, Aiden이야.
Aiden, _____ ___ Olivia. Olivia, Aiden.

이제야 드디어 직접 뵙게 됐네요.
So we finally _____ _____.

둘이 아는 사이야?
Do you two know _____ _____?

그건 아닌데 Sara가 하도 얘길 많이 해 줘서 말이야.
No we don't, but Sara _____ _____ me so much about her.

저도 Sara한테서 말씀 많이 들었어요. 뵙게 돼서 반가워요.
I've _____ ___ _____ _____ _____ from her, too. Nice to meet you.

직접 말해 보세요

7/15

A: Aiden, 이쪽은 Olivia야. Olivia, Aiden이야.

B: 이제야 드디어 직접 뵙게 됐네요.

A: 둘이 아는 사이야?

B: 그건 아닌데 Sara가 하도 얘길 많이 해 줘서 말이야.

C: 저도 Sara한테서 말씀 많이 들었어요. 뵙게 돼서 반가워요.

JULY

개를 학대하는 것을 보고 화가 난 상황

7/16
Why are you so angry?
왜 그렇게 화가 난 거야?

7/17
I saw a man kicking a dog.
어떤 남자가 개를 발로 차고 있는 걸 봤거든.

7/18
I've never been so mad in my life.
내 평생 이렇게 화가 난 적이 없어.

7/19
Did you report it to the police?
경찰에 신고했어?

7/20
I did, but he ran away before the police arrived.
했지, 근데 경찰이 오기 전에 그 남자가 도망쳐 버렸어.

REVIEW 7/16 ~ 7/22

알맞은 표현으로 빈칸을 채워 보세요

7/21

왜 그렇게 화가 난 거야?
Why are you ___ _____?

어떤 남자가 개를 발로 차고 있는 걸 봤거든.
I saw a man _____ ___ _____.

내 평생 이렇게 화가 난 적이 없어.
I've never been so mad ___ ___ _____.

경찰에 신고했어?
Did you _____ ___ ___ _____ _____?

했지, 근데 경찰이 오기 전에 그 남자가 도망쳐 버렸어.
I did, but he _____ _____ before the police arrived.

직접 말해 보세요

7/22

A: 왜 그렇게 화가 난 거야?

B: 어떤 남자가 개를 발로 차고 있는 걸 봤거든.

내 평생 이렇게 화가 난 적이 없어.

A: 경찰에 신고했어?

B: 했지, 근데 경찰이 오기 전에 그 남자가 도망쳐 버렸어.

JULY

목적지까지 빨리 가 달라고 택시 기사에게 부탁하는 상황

7/23 — **To Seoul Station, and make it quick.**
서울역까지 빨리 좀 가 주세요.

7/24 — **Which way do you want me to go?**
어느 길로 가 드릴까요?

7/25 — **Just take the faster way.**
그냥 더 빠른 길로 가 주세요.

7/26 — **It's rush hour, the traffic is heavy everywhere.**
지금은 퇴근 시간이라 어디든 차가 많아요.

7/27 — **I need to catch the 7 o'clock train, so please hurry.**
제가 7시 기차를 타야 해서요. 그러니 좀 서둘러 주세요.

DATE

알맞은 표현으로 빈칸을 채워 보세요

서울역까지 빨리 좀 가 주세요.
To Seoul Station, and _____ __ _____.

어느 길로 가 드릴까요?
_____ _____ do you want me to go?

7/28

그냥 더 빠른 길로 가 주세요.
Just _____ the faster way.

지금은 퇴근 시간이라 어디든 차가 많아요.
It's rush hour, the traffic is _____ everywhere.

제가 7시 기차를 타야 해서요, 그러니 좀 서둘러 주세요.
I need to _____ the 7 o'clock train, so please _____.

직접 말해 보세요

A: 서울역까지 빨리 좀 가 주세요.

B: 어느 길로 가 드릴까요?

7/29

A: 그냥 더 빠른 길로 가 주세요.

B: 지금은 퇴근 시간이라 어디든 차가 많아요.

A: 제가 7시 기차를 타야 해시요, 그러니 좀 서둘러 주세요.

7 July 나의 한 달

❶ 지금은 퇴근 시간이라 어디든 차가 많아요.
7/26

❷ 둘이 아는 사이야?
7/11

❸ 제가 7시 기차를 타야 해서요, 그러니 좀 서둘러 주세요.
7/27

❹ 자동차 가격으로 얼마를 생각하고 계신가요?
7/4

❺ 내 평생 이렇게 화가 난 적이 없어.
7/18

MEMO

★365일 기적의 영어회화 다이어리

6 어느 길로 가 드릴까요?

7/24

7 이제야 드디어 직접 뵙게 됐네요.

7/10

8 선택 잘하셨네요. 미니밴만큼 실용적인 게 없죠.

7/3

9 경찰에 신고했어?

7/19

10 그냥 더 빠른 길로 가 주세요.

7/25

산책하기 좋은 여름밤, 잠깐 머리 식히고 올까요?

OK 체크

JULY · AUGUST

찜통더위에 불평하는 상황

7/30	**It's like an oven in our house.** 우리 집은 완전 찜통이야.	☐ ☐ ☐
7/31	**Let's turn on the air-conditioner.** 에어컨 좀 틀자.	☐ ☐ ☐
8/1	**No way! We have a huge electricity bill this month.** 절대 안 돼! 우리 이번 달 전기 요금이 엄청 나왔단 말이야.	☐ ☐ ☐
8/2	**Oh, come on! I'm going to melt.** 아, 그러지 말고. 쪄 죽을 것 같단 말이야.	☐ ☐ ☐
8/3	**Stop whining! We turned on the fan instead.** 그만 좀 징징거려! 대신에 선풍기 틀었잖아.	☐ ☐ ☐

알맞은 표현으로 빈칸을 채워 보세요

우리 집은 완전 찜통이야.

It's _____ __ _____ in our house.

에어컨 좀 틀자.

_____ _____ __ the air-conditioner.

절대 안 돼! 우리 이번 달 전기 요금이 엄청 나왔단 말이야.

__ ____! We have a _____ _____ _____ this month.

아, 그러지 말고. 쪄 죽을 것 같단 말이야.

Oh, come on! I'm going to _____.

그만 좀 징징거려! 대신에 선풍기 틀었잖아.

Stop _____! We turned on the fan _____.

직접 말해 보세요

A: 우리 집은 완전 찜통이야.

에어컨 좀 틀자.

B: 절대 안 돼! 우리 이번 달 전기 요금이 엄청 나왔단 말이야.

A: 아, 그러지 말고. 쪄 죽을 것 같단 말이야.

B: 그만 좀 징징거려! 대신에 선풍기 틀었잖아.

AUGUST

식사 후 가위바위보로 설거지할 사람을 정하는 상황

8/6 — **Would you like some more?**
좀 더 먹을래?

8/7 — **I'm done. I'm really full.**
난 다 먹었어. 정말 배부르다.

8/8 — **Who wants to do the dishes today?**
오늘 설거지할 사람?

8/9 — **Let's decide by rock-paper-scissors. Rock! Paper! Scissors!**
가위바위보로 정하자. 가위! 바위! 보!

8/10 — **Why is it always me?**
왜 항상 나만 걸리지?

REVIEW 8/6 ~ 8/12

DATE 8/11

알맞은 표현으로 빈칸을 채워 보세요

좀 더 먹을래?
_____ _____ _____ some more?

난 다 먹었어. 정말 배부르다.
_____ _____. I'm really _____.

오늘 설거지할 사람?
Who wants to ___ _____ _____ today?

가위바위보로 정하자. 가위! 바위! 보!
**Let's _____ ___ rock-paper-scissors.
Rock! Paper! Scissors!**

왜 항상 나만 걸리지?
Why is it _____ ___?

직접 말해 보세요

8/12

A: 좀 더 먹을래?

B: 난 다 먹었어. 정말 배부르다.

A: 오늘 설거지할 사람?

B: 가위바위보로 정하자. 가위! 바위! 보!

C: 왜 항상 나만 걸리지?

AUGUST

막판에 약속 날짜를 변경하게 된 상황

8/13	**I'm afraid I'll have to change our meeting on Saturday.** 토요일에 우리 만나기로 한 거 날짜를 변경해야 할 것 같아.
8/14	**Why? Did something happen to you?** 왜? 무슨 일 생겼어?
8/15	**I forgot this Saturday is my mother's birthday.** 이번 토요일이 어머니 생신이란 걸 깜빡했어.
8/16	**All right then, how about at 12 on Sunday?** 그럼 어쩔 수 없지. 일요일 12시는 어때?
8/17	**That'll work!** **Sorry for changing at the last minute.** 그때는 괜찮을 거야! 막판에 약속 변경해서 미안해.

알맞은 표현으로 빈칸을 채워 보세요

토요일에 우리 만나기로 한 거 날짜를 변경해야 할 것 같아.

_____ _____ I'll have to change our meeting on Saturday.

왜? 무슨 일 생겼어?

Why? Did something _____ ___ you?

이번 토요일이 어머니 생신이란 걸 깜빡했어.

I _____ this Saturday is my mother's birthday.

그럼 어쩔 수 없지. 일요일 12시는 어때?

All right then, _____ _____ at 12 on Sunday?

그때는 괜찮을 거야! 막판에 약속 변경해서 미안해.

That'll work! Sorry for changing ___ _____ _____ _____.

직접 말해 보세요

A: 토요일에 우리 만나기로 한 거 날짜를 변경해야 할 것 같아.

B: 왜? 무슨 일 생겼어?

A: 이번 토요일이 어머니 생신이란 걸 깜빡했어.

B: 그럼 어쩔 수 없지. 일요일 12시는 어때?

A: 그때는 괜찮을 거야! 막판에 약속 변경해서 미안해.

AUGUST

뉴욕행 비행편에 관한 정보를 문의하는 상황

8/20	**Could you give me some information about flights to New York?** 뉴욕행 비행편에 관한 정보를 좀 알려 주시겠어요?	
8/21	**When will you be leaving?** 언제 출발하실 건데요?	
8/22	**On the evening of August 25th.** 8월 25일 저녁에요.	
8/23	**We have a flight leaving Incheon at 7:40 p.m..** 7시 40분에 인천에서 출발하는 비행편이 있어요.	
8/24	**Is there a later one?** 더 늦은 건 없나요?	

알맞은 표현으로 빈칸을 채워 보세요

뉴욕행 비행편에 관한 정보를 좀 알려 주시겠어요?
Could you give me some _____ _____ _____ to New York?

언제 출발하실 건데요?
When will you ___ _____?

8월 25일 저녁에요.
___ _____ _____ of August 25th.

7시 40분에 인천에서 출발하는 비행편이 있어요.
We have a flight _____ Incheon at 7:40 p.m..

더 늦은 건 없나요?
Is there a _____ _____?

직접 말해 보세요

A: 뉴욕행 비행편에 관한 정보를 좀 알려 주시겠어요?

B: 언제 출발하실 건데요?

A: 8월 25일 저녁에요.

B: 7시 40분에 인천에서 출발하는 비행편이 있어요.

A: 더 늦은 건 없나요?

AUGUST · SEPTEMBER

초대받은 모임에 늦어서 사과하는 상황

8/27
Come on in.
It's so good to see you again.
들어오세요. 다시 뵙게 되어 정말 반가워요.

8/28
Thanks for having me over.
불러 주셔서 감사해요.

8/29
Right this way.
Everyone is in the living room.
이쪽으로요. 다들 거실에 있어요.

8/30
(to everyone) **I'm so sorry I'm late.**
(모두에게) 늦어서 정말 죄송합니다.

8/31
I hope you started without me.
저 없이 먼저 시작하셨으면 좋았을 텐데요.

REVIEW 8/27 ~ 9/2

DATE

알맞은 표현으로 빈칸을 채워 보세요

9/1

들어오세요. 다시 뵙게 되어 정말 반가워요.
Come on in. It's so good to _____ _____ _____.

불러 주셔서 감사해요.
Thanks for _____ me _____.

이쪽으로요. 다들 거실에 있어요.
_____ _____ _____.
Everyone is in the living room.

(모두에게) 늦어서 정말 죄송합니다.
(to everyone) I'm so sorry I'm _____.

저 없이 먼저 시작하셨으면 좋았을 텐데요.
I hope you started _____ _____.

직접 말해 보세요

9/2

A: 들어오세요. 다시 뵙게 되어 정말 반가워요.

B: 불러 주셔서 감사해요.

A: 이쪽으로요. 다들 거실에 있어요.

B: (모두에게) 늦어서 정말 죄송합니다.

저 없이 먼저 시작하셨으면 좋았을 텐데요.

나의 한 달 망각 방지 TEST

❶ 이번 토요일이 어머니 생신이란 걸 깜빡했어.

8/15

❷ 저 없이 먼저 시작하셨으면 좋았을 텐데요.

8/31

❸ 왜 항상 나만 걸리지?

8/10

❹ 불러 주셔서 감사해요.

8/28

❺ 우리 집은 완전 찜통이야.

7/30

MEMO

★365일 기적의 영어회화 다이어리

❻ 언제 출발하실 건데요?

8/21

❼ 토요일에 우리 만나기로 한 거 날짜를 변경해야 할 것 같아.

8/13

❽ 난 다 먹었어. 정말 배부르다.

8/7

❾ 그때는 괜찮을 거야! 막판에 약속 변경해서 미안해.

8/17

❿ 뉴욕행 비행편에 관한 정보를 좀 알려 주시겠어요?

8/20

무더웠던 여름, 고생 많았어요

OK 체크

SEPTEMBER

발진 때문에 의사에게 진료와 처방을 받는 상황

9/3

What brings you here today?
오늘은 무슨 일로 오셨습니까?

9/4

I've got a rash on my arms and legs.
팔다리에 발진이 돋아서요.

9/5

Let me take a look.
제가 좀 볼게요.

9/6

(a moment later)
I'm going to write you a prescription.
(잠시 후에) 제가 처방전을 써 드릴게요.

9/7

Take the medicine 30 minutes after eating breakfast and dinner.
아침, 저녁으로 식후 30분에 약을 드세요.

REVIEW 9/3 ~ 9/9

DATE

알맞은 표현으로 빈칸을 채워 보세요

오늘은 무슨 일로 오셨습니까?
What _____ you here today?

팔다리에 발진이 돋아서요.
I've _____ ___ _____ on my arms and legs.

9/8

제가 좀 볼게요.
Let me _____ ___ _____.

(잠시 후에) 제가 처방전을 써 드릴게요.
(a moment later)
I'm going to _____ _____ ___ _____.

아침, 저녁으로 식후 30분에 약을 드세요.
_____ _____ _____ 30 minutes after eating breakfast and dinner.

직접 말해 보세요

9/9

A: 오늘은 무슨 일로 오셨습니까?

B: 팔다리에 발진이 돋아서요.

A: 제가 좀 볼게요.

(잠시 후에) 제가 처방전을 써 드릴게요.

아침, 저녁으로 식후 30분에 약을 드세요.

SEPTEMBER

낯선 도시에서 목적지로 가는 버스를 확인하는 상황

9/10

Excuse me.
Is this the bus to Times Square?

실례합니다. 이게 Times Square로 가는 버스인가요?

9/11

Yes, it is. Get in.

맞아요. 타세요.

9/12

Can you tell me where to get off?

제가 어디서 내려야 하는지 알려 주실 수 있으세요?

9/13

I'm a stranger to Seoul.

서울 길은 낯설어서요.

9/14

Don't worry. We announce the stops.

걱정 마세요. 정류장마다 안내 방송을 합니다.

REVIEW 9/10 ~ 9/16

DATE

알맞은 표현으로 빈칸을 채워 보세요

실례합니다. 이게 Times Square로 가는 버스인가요?
Excuse me.
___ _____ the bus to Times Square?

맞아요. 타세요.
Yes, it is. _____ ___.

9/15

제가 어디서 내려야 하는지 알려 주실 수 있으세요?
Can you tell me _____ ___ _____ _____?

서울 길은 낯설어서요.
I'm a _____ ___ Seoul.

걱정 마세요. 정류장마다 안내 방송을 합니다.
Don't worry. We _____ the stops.

직접 말해 보세요

A: 실례합니다. 이게 Times Square로 가는 버스인가요?

B: 맞아요. 타세요.

9/16

A: 제가 어디서 내려야 하는지 알려 주실 수 있으세요?

서울 길은 낯설어서요.

B: 걱정 마세요. 정류장마다 안내 방송을 합니다.

SEPTEMBER

전화로 피자를 주문하는 상황

9/17
Hello, Jim's Pizza.
What would you like?
안녕하세요, Jim's Pizza입니다. 뭘로 드릴까요?

9/18
I'd like a pepperoni pizza and a large bottle of coke.
페퍼로니 피자랑 콜라 큰 병으로 하나 주세요.

9/19
Is this for pickup or delivery?
직접 가져가실 건가요, 배달 주문이신가요?

9/20
Delivery, please.
When will those be ready?
배달이요. 얼마나 걸릴까요?

9/21
Within 30 minutes. Your total is $17.50.
30분 이상은 안 걸려요. 다 해서 17달러 50센트입니다.

알맞은 표현으로 빈칸을 채워 보세요

안녕하세요, Jim's Pizza입니다. 뭘로 드릴까요?
Hello, Jim's Pizza.
_____ _____ ____ _____?

페퍼로니 피자랑 콜라 큰 병으로 하나 주세요.
I'd like a pepperoni pizza and a _____
_____ ___ coke.

직접 가져가실 건가요, 배달 주문이신가요?
Is this for _____ or delivery?

배달이요. 얼마나 걸릴까요?
Delivery, please. When will those ____ _____?

30분 이상은 안 걸려요. 다 해서 17달러 50센트입니다.
_____ 30 minutes. _____ _____ is $17.50.

직접 말해 보세요

A: 안녕하세요, Jim's Pizza입니다. 뭘로 드릴까요?

B: 페퍼로니 피자랑 콜라 큰 병으로 하나 주세요.

A: 직접 가져가실 건가요, 배달 주문이신가요?

B: 배달이요. 얼마나 걸릴까요?

A: 30분 이상은 안 걸려요. 다 해서 17달러 50센트입니다.

SEPTEMBER

거짓말한 상대를 추궁하는 상황

9/24	**You lied to me about our situation.** 우리 상황에 대해 나한테 거짓말을 했더라.
9/25	**I'm sorry.** **I just didn't want to frighten you.** 미안해. 놀라게 하고 싶지 않았을 뿐이야.
9/26	**Is there anything else you're not telling me honestly?** 나한테 솔직하게 말하지 않은 거 더 없어?
9/27	**Nothing, I swear! Believe me.** 없어. 맹세해! 믿어 줘.
9/28	**Never lie to me again!** 다시는 나한테 거짓말하지 마!

알맞은 표현으로 빈칸을 채워 보세요

우리 상황에 대해 나한테 거짓말을 했더라.
You _____ __ __ about our situation.

미안해. 놀라게 하고 싶지 않았을 뿐이야.
I'm sorry. I just didn't want to _____ you.

나한테 솔직하게 말하지 않은 거 더 없어?
Is there _____ _____ you're not telling me _____ ?

없어. 맹세해! 믿어 줘.
Nothing, ___ _____! Believe me.

다시는 나한테 거짓말하지 마!
Never _____ ___ ___ again!

직접 말해 보세요

A: 우리 상황에 대해 나한테 거짓말을 했더라.

B: 미안해. 놀라게 하고 싶지 않았을 뿐이야.

A: 나한테 솔직하게 말하지 않은 거 더 없어?

B: 없어. 맹세해! 믿어 줘.

A: 다시는 나한테 기짓말하지 마!

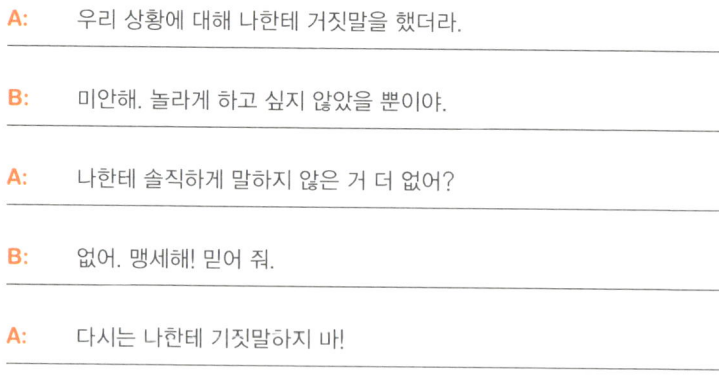

나의 한 달 망각 방지 TEST

❶ 제가 어디서 내려야 하는지 알려 주실 수 있으세요?
9/12

❷ 제가 좀 볼게요.
9/5

❸ 직접 가져가실 건가요, 배달 주문이신가요?
9/19

❹ 실례합니다. 이게 Times Square로 가는 버스인가요?
9/10

❺ 다시는 나한테 거짓말하지 마!
9/28

MEMO

★365일 기적의 영어회화 다이어리

❻ 오늘은 무슨 일로 오셨습니까?

9/3

❼ 미안해. 놀라게 하고 싶지 않았을 뿐이야.

9/25

❽ 서울 길은 낯설어서요.

9/13

❾ 나한테 솔직하게 말하지 않은 거 더 없어?

9/26

❿ 걱정 마세요. 정류장마다 안내 방송을 합니다.

9/14

남은 세 달도 지금껏 그래왔듯 찬찬히, 꾸준하게

OK 체크

OCTOBER

전화 상태가 안 좋아서 다시 걸겠다고 하는 상황

10/1 Ryan…Ryan? Can you hear me?
Ryan, Ryan? 내 말 들려?

10/2 Yeah, very clearly. Can't you hear me?
응, 아주 잘 들려. 내 말 안 들려?

10/3 Your voice is breaking up.
목소리가 끊겨.

10/4 I've been having trouble with my cellphone lately.
요즘 내 전화기가 말썽이거든.

10/5 I'll call you right back on a landline.
내가 지금 바로 유선 전화로 다시 걸게.

REVIEW 10/1~10/7

DATE

10/6

알맞은 표현으로 빈칸을 채워 보세요

Ryan, Ryan? 내 말 들려?
Ryan…Ryan? _____ _____ _____ ___?

응. 아주 잘 들려. 내 말 안 들려?
Yeah, very _____. Can't you hear me?

목소리가 끊겨.
Your voice is _____ ___.

요즘 내 전화기가 말썽이거든.
I've been _____ _____ _____ my cellphone lately.

내가 지금 바로 유선 전화로 다시 걸게.
I'll call you right back ___ ___ _____.

직접 말해 보세요

10/7

A: Ryan, Ryan? 내 말 들려?

B: 응. 아주 잘 들려. 내 말 안 들려?

A: 목소리가 끊겨.

   요즘 내 전화기가 말썽이거든.

   내가 지금 바로 유선 전화로 다시 걸게.

OCTOBER

상대방에게 필요한 게 있는지 묻는 상황

10/8 — **You need anything?**
뭐 필요한 거 있어?

10/9 — **No. Don't mind me.**
아니. 나한테 신경 안 써도 돼.

10/10 — **Can I get you something to drink?**
마실 것 좀 가져다줄까?

10/11 — **No, thanks.
Thank you for being so sweet.**
아니, 괜찮아. 신경 써 줘서 고마워.

10/12 — **If you need anything, just ask.**
필요한 게 있으면 말만 해.

REVIEW 10/8~10/14

DATE

알맞은 표현으로 빈칸을 채워 보세요

뭐 필요한 거 있어?
You _____ _____?

아니. 나한테 신경 안 써도 돼.
No. _____ _____ ___.

10/13

마실 것 좀 가져다줄까?
Can I get you _____ ___ _____?

아니, 괜찮아. 신경 써 줘서 고마워.
No, thanks. Thank you for being so _____.

필요한 게 있으면 말만 해.
If you _____ _____, _____ _____.

직접 말해 보세요

A: 뭐 필요한 거 있어?

B: 아니. 나한테 신경 안 써도 돼.

10/14

A: 마실 것 좀 가져다줄까?

B: 아니, 괜찮아. 신경 써 줘서 고마워.

A: 필요한 게 있으면 말만 해.

OCTOBER

예고 없이 친구의 일터를 방문한 상황

10/15	**What are you doing here?** 여기는 웬일이야?	☐ ☐ ☐
10/16	**I had an appointment around here.** 이 근처에서 약속이 있었어.	☐ ☐ ☐
10/17	**You got a break coming up?** 이따 휴식 시간 있어?	☐ ☐ ☐
10/18	**I'm off in 15 minutes.** 15분 후에 근무 끝나.	☐ ☐ ☐
10/19	**Great.** **I'll wait in the cafe across the street.** 잘됐다. 길 건너 카페에서 기다릴게.	☐ ☐ ☐

DATE

알맞은 표현으로 빈칸을 채워 보세요

여기는 웬일이야?

_____ _____ _____ _____ here?

이 근처에서 약속이 있었어.

I _____ ___ _____ around here.

이따 휴식 시간 있어?

You got a _____ coming up?

15분 후에 근무 끝나.

___ _____ in 15 minutes.

잘됐다. 길 건너 카페에서 기다릴게.

**Great.
I'll wait in the cafe _____ _____ _____.**

10/20

직접 말해 보세요

A: 여기는 웬일이야?

B: 이 근처에서 약속이 있었어.

이따 휴식 시간 있어?

A: 15분 후에 근무 끝나.

B: 잘됐다. 길 건너 카페에서 기다릴게.

10/21

OCTOBER

세일 여부를 확인하고 회원 카드를 발급받으려는 상황

10/22
Isn't this item on sale?
이 품목은 세일 안 해요?

10/23
The sale doesn't start until tomorrow.
세일은 내일부터예요.

10/24
Do you have our membership card?
저희 회원 카드 있으세요?

10/25
Members get a reduced price starting from today.
회원들은 오늘부터 할인가를 적용받거든요.

10/26
Can I get one right now?
지금 당장 하나 발급받을 수 있을까요?

REVIEW 10/22 ~ 10/28

DATE

10/27

알맞은 표현으로 빈칸을 채워 보세요

이 품목은 세일 안 해요?
Isn't this item ___ _____?

세일은 내일부터예요.
The sale doesn't start _____ _____.

저희 회원 카드 있으세요?
Do you have our _____ _____?

회원들은 오늘부터 할인가를 적용받거든요.
Members get a reduced price _____ _____ _____.

지금 당장 하나 발급받을 수 있을까요?
Can I _____ _____ right now?

10/28

직접 말해 보세요

A: 이 품목은 세일 안 해요?

B: 세일은 내일부터예요.

저희 회원 카드 있으세요?

회원들은 오늘부터 할인가를 적용받거든요.

A: 지금 당장 하나 발급받을 수 있을까요?

나의 한 달

① 여기는 웬일이야?
10/15

② 내가 지금 바로 유선 전화로 다시 걸게.
10/5

③ 이 품목은 세일 안 해요?
10/22

④ 마실 것 좀 가져다줄까?
10/10

⑤ 목소리가 끊겨.
10/3

MEMO

★365일 기적의 영어회화 다이어리

❻ 세일은 내일부터예요.

10/23

❼ 15분 후에 근무 끝나.

10/18

❽ 요즘 내 전화기가 말썽이거든.

10/4

❾ 필요한 게 있으면 말만 해.

10/12

❿ 회원들은 오늘부터 할인가를 적용받거든요.

10/25

 잠깐 고개 들고 창밖의 가을을 만끽해 볼까요?
OK 체크

★365일 기적의 영어회화 다이어리

OCTOBER · NOVEMBER

배고프다며 저녁밥을 채근하는 상황

10/29 — **I'm starving! What's for dinner?**
배고파 죽겠어! 저녁은 뭐야?

10/30 — **Roasted chicken and green salad.**
구운 닭고기랑 야채샐러드.

10/31 — **I can't wait. When do we eat?**
빨리 먹고 싶은데. 우리 언제 먹어?

11/1 — **It's almost ready.**
거의 다 됐어.

11/2 — **Can you help me set the table?**
상 차리는 것 좀 도와줄래?

알맞은 표현으로 빈칸을 채워 보세요

배고파 죽겠어! 저녁은 뭐야?

I'm _____! What's _____ dinner?

구운 닭고기랑 야채샐러드.

_____ chicken and green salad.

빨리 먹고 싶은데. 우리 언제 먹어?

___ _____ _____. When do we eat?

거의 다 됐어.

It's _____ _____.

상 차리는 것 좀 도와줄래?

Can you help me _____ _____ _____?

직접 말해 보세요

A: 배고파 죽겠어! 저녁은 뭐야?

B: 구운 닭고기랑 야채샐러드.

A: 빨리 먹고 싶은데. 우리 언제 먹어?

B: 거의 다 됐어.

상 차리는 것 좀 도와줄래?

NOVEMBER

과속 단속 경찰에게 봐 달라고 애원하는 상황

11/5 — **You were speeding.**
과속하셨어요.

11/6 — **Let me see your license.**
면허증을 보여 주세요.

11/7 — **I'm sorry, I have something urgent.**
죄송해요, 제가 급한 일이 있거든요.

11/8 — **Please let it slide this one time.**
이번 한 번만 봐주세요.

11/9 — **Absolutely not! License, please.**
절대 안 됩니다! 면허증 주세요.

REVIEW 11/5 ~ 11/11

DATE 11/10

알맞은 표현으로 빈칸을 채워 보세요

과속하셨어요.
You were _____.

면허증을 보여 주세요.
_____ ___ _____ your license.

죄송해요. 제가 급한 일이 있거든요.
I'm sorry, I have _____ _____.

이번 한 번만 봐주세요.
Please _____ ___ _____ this one time.

절대 안 됩니다! 면허증 주세요.
_____ _____! License, please.

직접 말해 보세요

11/11

A: 과속하셨어요.

_____

면허증을 보여 주세요.

_____

B: 죄송해요. 제가 급한 일이 있거든요.

_____

이번 한 번만 봐주세요.

_____

A: 절대 안 됩니다! 면허증 주세요.

_____

NOVEMBER

약속 시간은 안 지키면서 핑계만 대는 상대를 비난하는 상황

11/12
Late again!
What's your excuse this time?
또 늦었구나! 이번엔 또 무슨 핑계를 댈 거니?

11/13
I'm sorry. I took the wrong bus.
미안해. 버스를 잘못 탔어.

11/14
That's ridiculous!
You never take a bus.
어처구니가 없다! 너 절대 버스 안 타잖아.

11/15
I've had enough of your excuses.
네 변명은 들을 만큼 들어서 더 들을 것도 없어.

11/16
I'm really sorry.
How can I make it up to you?
정말 미안해. 내가 어떻게 하면 화가 풀리겠어?

DATE

알맞은 표현으로 빈칸을 채워 보세요

또 늦었구나! 이번엔 또 무슨 핑계를 댈 거니?
Late again! _____ _____ _____ this time?

미안해. 버스를 잘못 탔어.
I'm sorry. I took the _____ _____.

11/17

어처구니가 없다! 너 절대 버스 안 타잖아.
That's _____! You _____ take a bus.

네 변명은 들을 만큼 들어서 더 들을 것도 없어.
I've _____ _____ ___ your excuses.

정말 미안해. 내가 어떻게 하면 화가 풀리겠어?
**I'm really sorry.
How can I _____ ___ ___ ___ you?**

직접 말해 보세요

A: 또 늦었구나! 이번엔 또 무슨 핑계를 댈 거니?

B: 미안해. 버스를 잘못 탔어.

11/18

A: 어처구니가 없다! 너 절대 버스 안 타잖아.

네 변명은 들을 만큼 들어서 더 들을 것도 없어.

B: 정말 미안해. 내가 어떻게 하면 화가 풀리겠어?

NOVEMBER

병원으로 가는 가장 빠른 방법을 알려 주는 상황

11/19 — **What's the quickest way to get to the hospital?**
그 병원으로 가는 가장 빠른 방법은 뭐니?

11/20 — **Take the subway and get off at Seoul Station.**
지하철을 타고 서울역에서 내려.

11/21 — **Then take exit 3 and go along the street.**
그런 다음 3번 출구로 나와서 길을 따라 걸어가.

11/22 — **You'll see the hospital on the right.**
오른쪽에 병원이 보일 거야.

11/23 — **Can you text it to me?**
나한테 그거 문자로 보내 줄래?

알맞은 표현으로 빈칸을 채워 보세요

그 병원으로 가는 가장 빠른 방법은 뭐니?

What's the _____ _____ to get to the hospital?

지하철을 타고 서울역에서 내려.

_____ the subway and _____ _____ at Seoul Station.

그런 다음 3번 출구로 나와서 길을 따라 걸어가.

Then _____ exit 3 and ___ _____ the street.

오른쪽에 병원이 보일 거야.

You'll see the hospital ___ _____ _____.

나한테 그거 문자로 보내 줄래?

Can you _____ ___ to me?

직접 말해 보세요

A: 그 병원으로 가는 가장 빠른 방법은 뭐니?

B: 지하철을 타고 서울역에서 내려.

그런 다음 3번 출구로 나와서 길을 따라 걸어가.

오른쪽에 병원이 보일 거야.

A: 나한테 그거 문자로 보내 줄래?

NOVEMBER · DECEMBER

전화로 음식점을 예약하면서 이름의 철자를 불러 주는 상황

11/26
I'd like to make a reservation for three at 7:00 p.m..
7시에 세 사람 자리를 예약하고 싶은데요.

11/27
Certainly, ma'am. What name shall I put the reservation under?
네, 손님. 어떤 분의 성함으로 예약해 드릴까요?

11/28
Please put it under Akinyi. Leila Akinyi.
Akinyi로 해 주세요. Leila Akinyi요.

11/29
I'm sorry, but could you spell that for me?
죄송합니다만 철자를 좀 불러 주시겠어요?

11/30
Sure, I know my name is tricky. That's A-k-i-n-y-i.
네, 제 이름이 좀 어렵죠? A-k-i-n-y-i예요.

알맞은 표현으로 빈칸을 채워 보세요

7시에 세 사람 자리를 예약하고 싶은데요.
I'd like to _____ ___ _____ for three at 7:00 p.m..

네, 손님. 어떤 분의 성함으로 예약해 드릴까요?
Certainly, ma'am. What name shall I _____ _____ _____ _____?

Akinyi로 해 주세요. Leila Akinyi요.
Please _____ ___ _____ Akinyi. Leila Akinyi.

죄송합니다만 철자를 좀 불러 주시겠어요?
I'm sorry, but could you _____ that for me?

네, 제 이름이 좀 어렵죠? A-k-i-n-y-i예요.
Sure, I know my name is _____. That's A-k-i-n-y-i.

직접 말해 보세요

A: 7시에 세 사람 자리를 예약하고 싶은데요.

B: 네, 손님. 어떤 분의 성함으로 예약해 드릴까요?

A: Akinyi로 해 주세요. Leila Akinyi요.

B: 죄송합니다만 철자를 좀 불러 주시겠어요?

A: 네, 제 이름이 좀 어렵죠? A-k-i-n-y-i예요.

나의 한 달
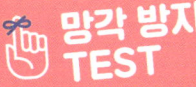
망각 방지 TEST

❶ 면허증을 보여 주세요.

11/6

❷ 상 차리는 것 좀 도와줄래?

11/2

❸ 그 병원으로 가는 가장 빠른 방법은 뭐니?

11/19

❹ 또 늦었구나! 이번엔 또 무슨 핑계를 댈 거니?

11/12

❺ 죄송합니다만 철자를 좀 불러 주시겠어요?

11/29

MEMO

❻ 7시에 세 사람 자리를 예약하고 싶은데요.

11/26

❼ 정말 미안해. 내가 어떻게 하면 화가 풀리겠어?

11/16

❽ 이번 한 번만 봐주세요.

11/8

❾ 지하철을 타고 서울역에서 내려.

11/20

❿ 네 변명은 들을 만큼 들어서 더 들을 것도 없어.

11/15

 공휴일도 없는 11월, 모두 버텨 낸 당신 멋져요!

OK 체크

DECEMBER

자동차 사고를 당한 친구의 안부를 묻는 상황

12/3	**I heard you'd had a car accident.** 자동차 사고 당했다면서?	
12/4	**Are you badly hurt?** 많이 다쳤니?	
12/5	**I'm getting better.** 괜찮아지고 있어.	
12/6	**It's a relief to hear that.** 다행이다.	
12/7	**I'm sorry I did not reach you sooner.** 좀 더 일찍 연락 못해서 미안해.	

REVIEW 12/3~12/9

DATE 12/8

알맞은 표현으로 빈칸을 채워 보세요

자동차 사고 당했다면서?
I heard you'd _____ __ _____ _____.

많이 다쳤니?
Are you _____ _____?

괜찮아지고 있어.
I'm _____ _____.

다행이다.
_____ __ _____ to hear that.

좀 더 일찍 연락 못해서 미안해.
I'm sorry I did not _____ you _____.

12/9

직접 말해 보세요

A: 자동차 사고 당했다면서?
_____

많이 다쳤니?
_____

B: 괜찮아지고 있어.
_____

A: 다행이다.
_____

좀 더 일찍 연락 못해서 미안해.
_____

DECEMBER

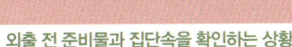 외출 전 준비물과 집단속을 확인하는 상황

12/10	**Do we have everything?** 다 챙겼지?
12/11	**Of course, we're more than ready.** 당연하지. 더 챙길 것도 없어.
12/12	**Did you turn off the stove?** 가스레인지는 껐어?
12/13	**Don't worry.** **I turned off the stove and the gas.** 걱정 마. 가스레인지도 끄고 가스도 잠갔으니까.
12/14	**Wait, I forgot to unplug the iron.** 잠깐만, 다리미 플러그 뽑는 걸 깜빡했어.

REVIEW 12/10~12/16

DATE

알맞은 표현으로 빈칸을 채워 보세요

12/15

다 챙겼지?
Do we _____ _____?

당연하지. 더 챙길 것도 없어.
Of course, we're _____ _____ _____.

가스레인지는 껐어?
Did you _____ ____ the stove?

걱정 마. 가스레인지도 끄고 가스도 잠갔으니까.
_____ _____.
I _____ _____ the stove and the gas.

잠깐만. 다리미 플러그 뽑는 걸 깜빡했어.
Wait, I forgot to _____ _____ _____.

직접 말해 보세요

12/16

A: 다 챙겼지?

B: 당연하지. 더 챙길 것도 없어.

A: 가스레인지는 껐어?

B: 걱정 마. 가스레인지도 끄고 가스도 잠갔으니까.

　　잠깐만. 다리미 플러그 뽑는 걸 깜빡했어.

DECEMBER

집을 나서려는 친구가 운전을 할 수 있는지 확인하는 상황

12/17	**Would you care for another cup of coffee before you go?** 가기 전에 커피 한 잔 더 마실래?	☐☐☐
12/18	**It's getting late.** 시간이 점점 늦어지잖아.	☐☐☐
12/19	**I'd better be off.** 출발하는 게 좋겠어.	☐☐☐
12/20	**Are you sober enough to drive?** 술은 다 깬 거야? 운전할 수 있겠어?	☐☐☐
12/21	**I'm completely sober.** 완전히 다 깨서 말짱해.	☐☐☐

REVIEW 12/17 ~ 12/23

알맞은 표현으로 빈칸을 채워 보세요

12/22

가기 전에 커피 한 잔 더 마실래?
Would you _____ ____ another cup of coffee _____ ____ ___?

시간이 점점 늦어지잖아.
It's _____ _____.

출발하는 게 좋겠어.
I'd better ___ _____.

술은 다 깬 거야? 운전할 수 있겠어?
Are you _____ _____ to drive?

완전히 다 깨서 말짱해.
I'm _____ _____.

직접 말해 보세요

12/23

A: 가기 전에 커피 한 잔 더 마실래?

B: 시간이 점점 늦어지잖아.

출발하는 게 좋겠어.

A: 술은 다 깬 거야? 운전할 수 있겠어?

B: 완전히 다 깨서 말짱해.

DECEMBER

호텔방을 예약하는 상황

12/24 — **I need a room for Thursday, December 31st.**
12월 31일 목요일에 방이 하나 필요한데요.

12/25 — **Do you have any vacancies?**
빈방이 있나요?

12/26 — **Well, I think every room was booked for the 31st.**
저, 31일은 객실 예약이 끝난 것으로 알고 있는데요.

12/27 — **Let me check…please hold.**
확인해 볼게요. 끊지 말고 기다려 주세요.

12/28 — **You're lucky, sir. We have only one double room available.**
운이 좋으시네요, 손님. 예약 가능한 2인실이 딱 하나 있어요.

알맞은 표현으로 빈칸을 채워 보세요

12/29

12월 31일 목요일에 방이 하나 필요한데요.

___ _____ ___ _____ for Thursday, December 31st.

빈방이 있나요?

Do you have any _____?

저, 31일은 객실 예약이 끝난 것으로 알고 있는데요.

Well, I think every room _____ _____ for the 31st.

확인해 볼게요. 끊지 말고 기다려 주세요.

_____ ___ _____…please hold.

운이 좋으시네요, 손님. 예약 가능한 2인실이 딱 하나 있어요.

You're _____, sir. We have _____ _____ double room _____.

직접 말해 보세요

12/30

A: 12월 31일 목요일에 방이 하나 필요한데요.

빈방이 있나요?

B: 저, 31일은 객실 예약이 끝난 것으로 알고 있는데요.

확인해 볼게요. 끊지 말고 기다려 주세요.

운이 좋으시네요, 손님. 예약 가능한 2인실이 딱 하나 있어요.

나의 한 달 망각 방지 TEST

❶ 출발하는 게 좋겠어.
12/19

❷ 좀 더 일찍 연락 못해서 미안해.
12/7

❸ 빈방이 있나요?
12/25

❹ 많이 다쳤니?
12/4

❺ 31일은 객실 예약이 끝난 것으로 알고 있는데요.
12/26

MEMO

❻ 잠깐만, 다리미 플러그 뽑는 걸 깜빡했어.

12/14

❼ 술은 다 깬 거야? 운전할 수 있겠어?

12/20

❽ 운이 좋으시네요, 손님. 예약 가능한 2인실이 딱 하나 있어요.

12/28

❾ 다 챙겼지?

12/10

❿ 가기 전에 커피 한 잔 더 마실래?

12/17

**마지막까지 걸어온 당신, 고생 많았어요.
올해는 지난해가 되고 이듬해는 올해가 되는 지금,
다가온 한 해도 당신 그대로의 모습을 응원합니다.**

✓
OK 체크